AF588303

La curiosa cuña

Julie Murray

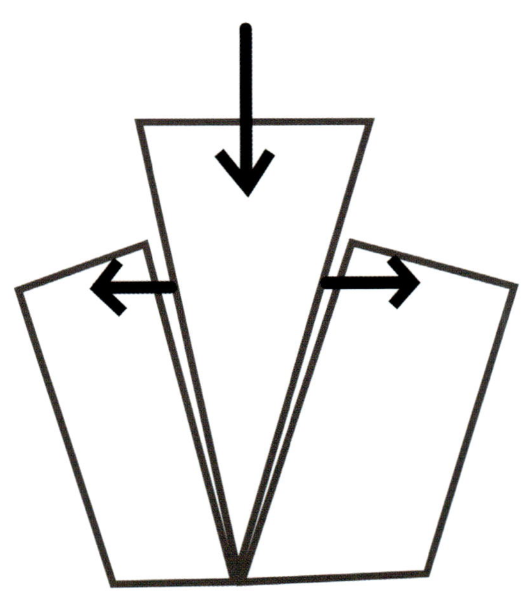

Abdo Kids Junior es una
subdivisión de Abdo Kids
abdobooks.com

abdobooks.com

Published by Abdo Kids, a division of ABDO, P.O. Box 398166, Minneapolis, Minnesota 55439.

Printed in China

052025

092025

Spanish Translator: Maria Puchol

Photo Credits: Getty Images, Shutterstock

Production Contributors: Teddy Borth, Jennie Forsberg, Grace Hansen

Design Contributors: Candice Keimig, Pakou Moua

Library of Congress Control Number: 2024949257

Publisher's Cataloging-in-Publication Data

Names: Murray, Julie, author.

Title: La curiosa cuña/ by Julie Murray

Other title: The wacky wedge. Spanish

Description: Minneapolis, Minnesota: Abdo Kids, 2026. | Series: Máquinas simples | Includes online resources and index

Identifiers: ISBN 9798384906513 (lib.bdg.) | ISBN 9798384907077 (ebook)

Subjects: LCSH: Simple machines--Juvenile literature. | Wedges--Juvenile literature. | Axes--Juvenile literature. | Machinery--Juvenile literature. | Hand tools--Juvenile literature. | Spanish language materials--Juvenile literature.

Classification: DDC 621.8--dc23

Contenido

La curiosa cuña

Una cuña es una máquina simple.

Se usa para cortar y dividir cosas.

También puede usarse para fijar cosas en un sitio.

Una cuña puede estar compuesta por uno o dos **planos inclinados**.

11

Un hacha es una cuña.
Está compuesta por dos
planos inclinados juntos.

Para usar una cuña hay que ejercer una **fuerza**.

fuerza

Se aplica **fuerza** al golpear con un hacha. Eso hace que el hacha entre en la madera.

fuerza

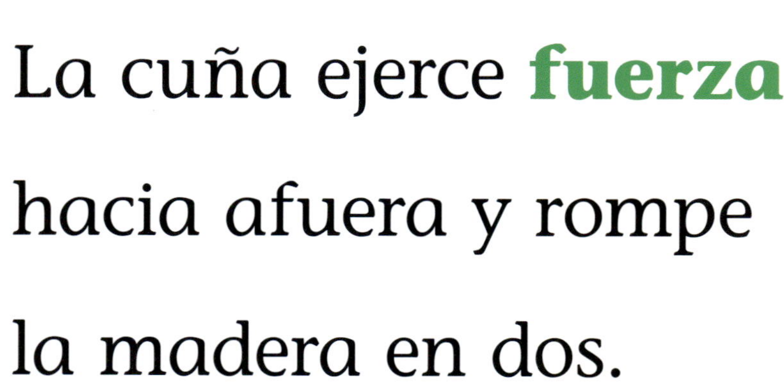

La cuña ejerce **fuerza** hacia afuera y rompe la madera en dos.

fuerza

Las cuñas facilitan mucho el trabajo.

Cuñas por todas partes

cremallera

espátula

pelador

rascador de hielo

Glosario

fuerza
potencia, energía, resistencia física.

plano inclinado
superficie en ángulo

Índice

¡Visita nuestra página **abdokids.com** y usa este código para tener acceso a juegos, manualidades, videos y mucho más!

Los recursos de internet están en inglés.

Usa este código Abdo Kids

STK0634

¡o escanea este código QR!